EMF3-0048
合唱楽譜＜J-POP＞

J-POP
CHORUS PIECE

合唱で歌いたい！J-POPコーラスピース

女声3部合唱

いつかこの涙が

作詞：いしわたり淳治　作曲：KEN for 2SOUL MUSIC Inc.、Philip Woo、kyte
合唱編曲：田中達也

合唱で歌いたい！J-POPコーラス

いつかこの涙が

作詞：いしわたり淳治　　作曲：KEN for 2SOUL MUSIC Inc.、Philip Woo、kyte　　合唱編曲：田中達也

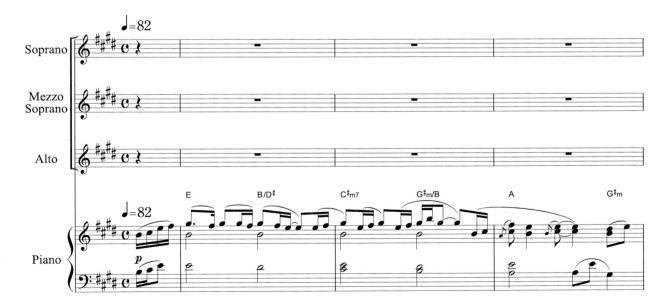

© 2017 by NIPPON TELEVISION MUSIC CORPORATION
& Watanabe Entertainment Co., Ltd.
& Sony Music Publishing (Japan) Inc.

MEMO

いつかこの涙が

作詞：いしわたり淳治

誰にも負けないと誓ったあの日から
きっと戦っていた敵は自分で

限界まで努力できる才能だけ
ずっと胸の奥で信じてた

いつも一人じゃないから
そう何度も何度も立ち上がって
同じ夢を　追いかけた

いつか　この涙が　この仲間と　過ごして
ぶつかり合った日々が　勲章に変わる　今は
この涙に　似合う言葉は　ないから
何も　言わないで肩を　抱きしめていよう

高い場所からしか見えない景色は
いつも壁を登った先にあった

想像できる未来には興味などなくて
ずっと熱い目で夢を見てた

やがて不可能が可能に
ほんの少しずつ変わっていく
青すぎる時の中で

いつか　この涙が　この仲間と　出会えて
信じ合えた日々が　勲章に変わる　今は
この涙に　似合う言葉はないから
何も　言わないで肩を　抱きしめていよう

世界で一番　悔しがることが出来たら
世界で（そう誰より君が）
一番（努力していたから）
君は　輝いている　Wow wow

いつか　この涙が　この仲間と　過ごして
ぶつかり合った日々が　勲章に変わる　きっと
この涙に　似合う言葉はないから
何も　言わないで肩を　抱きしめて

ああ　この笑顔が　この仲間と　出会って
信じ合えた日々が　勲章に変わる　今は
この終わりのない　自分への挑戦の
先に　眩しい未来が　待っているから

La la la la la la la la la la la la la la la
La la la la la la la la la la la la la la la

エレヴァートミュージックエンターテイメントはウィンズスコアが
展開する「合唱楽譜・器楽系楽譜」を中心とした専門レーベルです。

ご注文について

エレヴァートミュージックエンターテイメントの商品は全国の楽器店、ならびに書店にてお求めになれますが、店頭でのご購入が困難な場合、下記PC&モバイルサイト・FAX・電話からのご注文で、直接ご購入が可能です。

◎PCサイト&モバイルサイトでのご注文方法
http://elevato-music.com
上記のアドレスへアクセスし、WEBショップにてご注文ください。

◎FAXでのご注文方法
FAX.03-6809-0594
24時間、ご注文を承ります。上記PCサイトよりFAXご注文用紙をダウンロードし、印刷、ご記入の上ご送信ください。

◎お電話でのご注文方法
TEL.0120-713-771
営業時間内に電話いただければ、電話にてご注文を承ります。

※この出版物の全部または一部を権利者に無断で複製（コピー）することは、著作権の侵害にあたり、著作権法により罰せられます。

※造本には十分注意しておりますが、万一、落丁・乱丁などの不良品がありましたらお取り替えいたします。また、ご意見・ご感想もホームページより受け付けておりますので、お気軽にお問い合わせください。